AF360326

# PLAIDOYERS DE M<sup>E</sup> MOULIN

POUR

## LA TRIBUNE.

Imprimerie de L.-E. Herhan, rue St.-Denis, n. 380.

# PLAIDOYER

## DE Mᵉ MOULIN

POUR

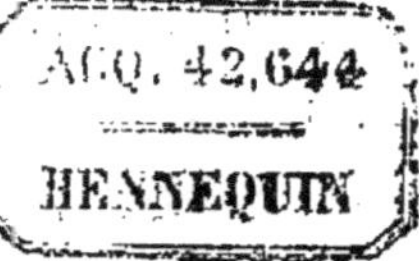


# LA TRIBUNE,

PRONONCÉ DEVANT LA COUR D'ASSISES DE PARIS,

A L'AUDIENCE DU 23 MAI 1831.

> « Sachons être les gardiens, et non les
> » geôliers des libertés publiques. »
>
> DE CHATEAUBRIAND.

La *Tribune* inséra, dans son numéro du 24 mars 1831, un article intitulé : UN PEU DE TERREUR, dans lequel se trouvaient les passages suivans, signalés par l'accusation :

« Le peuple se demande ce qu'il a gagné à la révolution de juillet.....

» Ce qu'il a gagné ? qu'on le demande aux pa-
» triotes qui encombrent les prisons de Paris, ils
» répondront : *un peu de terreur !*....

» Vous trouverez les voitures publiques remplies
» de fugitifs qui vont chercher un asile contre les
» coups dont une police inquisitoriale a frappé leurs
» amis.....

» A la voix d'un aide-de-camp du roi, on a re-
» lâché Cadoudal, on a rendu au prêtre arrêté pour
» l'inauguration du portrait de Henri V les clés de
» son église ; Danthon, Guinard, Cavaignac, Trélat,
» et leurs amis, attendent sous les verroux les ré-
» sultats de l'accusation capitale que, sous les plus
» frivoles prétextes, on n'a pas craint d'intenter
» contre eux......

» Il n'est guère permis de douter qu'on n'ait acheté
» ce qu'on appelle la paix, à un prix auquel nul
» homme d'honneur ne voudrait la vie : car c'est
» l'honneur même qu'on a sacrifié, au mépris du
» vœu national, en abandonnant la Pologne et
» l'Italie à leurs bourreaux.....

» En 1792, nous avions un gouvernement qui
» marchait avec la révolution ; le nôtre marche
» contre celle de 1830.

» Nous n'avons qu'un peu de terreur, veuillent
» les destins que dans deux mois nous puissions
» encore dire un peu ! »
Le ministère public vit dans ces passages, et dans

l'ensemble de l'article auquel ils étaient empruntés, le délit D'EXCITATION A LA HAINE ET AU MÉPRIS DU GOUVERNEMENT DU ROI; en conséquence, le gérant de *la Tribune* fut renvoyé par la chambre d'accusation devant la cour d'assises, où Mᵉ Moulin, pour la défense du prévenu, prononça le discours suivant :

« Messieurs les jurés,

» Trois fois déjà la sévérité du ministère public a traîné sur ces bancs les écrivains de *la Tribune*, et trois fois un verdict d'acquittement est venu protester contre des poursuites dont le succès même eût à peine légitimé et la rigueur et la fréquence. Aujourd'hui le gérant du journal, objet des prédilections du parquet, n'attend pas moins de votre indépendance et de vos lumières, qu'il n'a obtenu de la conscience de vos prédécesseurs, car, de tous les articles jusqu'ici incriminés, celui qui est soumis à votre examen est peut-être le plus inoffensif, et déjà les magistrats de la chambre du conseil, tout en blâmant quelques expressions dont l'âpreté peut blesser certaines oreilles, ont *unanimement* déclaré qu'il ne leur présentait pas le délit que veut y voir l'accusation (1).

(1) La chambre du conseil avait rendu une ordonnance de non-lieu, à laquelle M. le procureur général forma opposition.

Cette décision réfléchie des premiers juges eût dû peut-être servir d'avertissement au ministère public, et modérer l'ardeur de son zèle. Il n'en a tenu compte cependant ; la perspective d'une défaite nouvelle, après tant de défaites essuyées, ne pouvait guère, il est vrai, être de nature à l'arrêter. Il nous a cités à votre barre ; c'est avec empressement que nous vous acceptons pour juges. Mandataires du pays, entendez nos explications, et prononcez.....

S'attachant à quelques phrases isolées, et détournées dès-lors de leur sens naturel, puisqu'elles ne trouvent plus leur explication dans les phrases qui les précèdent ou qui les suivent, l'organe du ministère public vous les signale comme renfermant « une excitation à la haine et au mépris du gouvernement, » délit dont le vague est exploité dans tous les réquisitoires, délit sans cesse reproduit, et sans cesse repoussé par vous, véritable Protée qui prend toutes les formes sous la main de l'accusation, et sait échapper aux liens de la défense. (1)

Ces quelques phrases ainsi choisies, *semblent*

---

(1) ... Ubi correptum manibus vinclisque tenebis,
Tùm variæ illudent speces. . . . . . . . . .
. . . . . . . . . . . atque ità vinclis
Excidet. . . . . . . . . . . . . . . . . .

VIRG., *Géorg*.

( c'est l'expression de M. le procureur-général , ) « représenter le gouvernement du roi comme cherchant à ramener le régime odieux de la terreur, en saisissant de frivoles prétextes pour emprisonner les patriotes, et en trahissant lâchement l'honneur national dans ses relations avec l'étranger. » L'auteur de l'article ainsi analysé , ne trouve pas assez d'énergie pour protester contre un pareil travestissement de sa pensée, contre une telle parodie de son œuvre. Pauvres écrivans!!... leur plume, brûlante de patriotisme, s'est-elle rendue l'interprète trop fidèle de leur indignation , oh! s'écrie-t-on :

> . . . . . . . . . . pesez bien ces passages.,
> En ajoutant deux mots , en retranchant trois pages ,
> Le délit est certain . . . . . . . . . . .

Se sont-ils au contraire renfermés dans une froide discussion, alors on cherche

> Dans ce qu'ils n'ont pas dit, ce qu'ils ont voulu dire ;

de telle sorte que ni l'extrême franchise, ni l'extrême réserve, ne les mettent à l'abri des coups du ministère public.

L'auteur de l'article incriminé , vieux soldat de l'empire, que juillet a retrouvé sur nos places publiques, a traversé les quinze années de la restauration, et a été le témoin de toutes ses folies. Il a assisté , en 1814 , au retour de cette famille que nous imposa l'étranger vainqueur, et qui nous apparut au milieu de nos revers, après la chûte du héros, pareille à ces astres, signes précurseurs de calamités qui, s'il faut en croire les poètes de l'antiquité, venaient effrayer la terre, après la mort des grands hommes. Il a vu, non sans douleur, l'irruption des hommes de Coblentz, les réactions sanglantes de 1815, les traités honteux qui ont démembré la France, la presse étouffée par la censure, le sang des patriotes ruisselant sur les échafauds, la congrégration envahissante, se ruant sur les emplois, et imposant au pouvoir ses créatures, le milliard de l'indemnité jeté, comme pâture, à l'émigration, le privilége introduit dans la famille, les élections viciées par les fraudes électorales, enfin les ordonnances de juillet, foulant aux pieds nos franchises et nos libertés... Le châtiment, il est vrai, ne s'est pas fait attendre, et quelques heures seulement ont séparé la peine de l'attentat.

Essaierai-je de vous peindre de quels transports l'écrivain-citoyen salua le soleil de juillet; avec quel enthousiasme il accueillit une révolution que depuis si long-temps il appelait de ses vœux?... Elle était pour lui le gage d'une régénération dans nos institutions, et le triomphe de la liberté des peuples sur le despotisme des rois, des idées nouvelles sur des traditions vieillies, de la souveraineté populaire sur le droit divin, du droit d'élection sur le droit de naissance. La scène de l'Hôtel-de-Ville, et les embrassemens du lieutenant-général et du vieux Lafayette, lui promettaient *une monarchie entourée d'institutions républicaines*, et déjà son imagination, impatiente du présent, dévorait l'avenir. Notre jeune royauté, se disait-il, environnée de conseillers dévoués au pays, saura éviter les écueils contre lesquels l'ancienne est venue se briser ; elle éloignera d'elle le faste des cours et les flagorneries des courtisans. Avec elle, va commencer une ère nouvelle : désormais la liberté de la pensée marchera dégagée de toute entrave ; la liberté de la personne sera à l'abri de toute atteinte ; l'indépendance et la capacité seront appelées aux emplois ; les charges qui pèsent sur le peuple seront allégées ; tous les citoyens seront appelés à prendre part aux affaires du pays ; les dépositaires du pouvoir sauront défendre le principe de notre révolution, et faire respecter par les cours étrangères, heureuses de notre alliance, le nom français et l'honneur national....

Plusieurs mois se passèrent au milieu de ces illusions, auxquelles l'écrivain poursuivi n'a pas renoncé sans regret. C'était le rêve d'un bon citoyen ; il devait avoir un terme : vint l'instant du réveil, et ce fut alors que le journaliste, jetant autour de lui des regards étonnés, interrogeant le passé, le comparant au présent, cherchant à lire dans l'avenir, se demanda si la révolution avait porté ses fruits, si le pouvoir nouveau avait accompli sa mission, s'il avait tenu les promesses tant prodiguées en juillet.

Voilà, Messieurs, la pensée tout entière de l'auteur de l'article qui vous est déféré. Voilà l'intention qui a dirigé sa plume ; maintenant que vous connaissez son but, voyons comment il l'a atteint.

Il avait cru au bannissement de l'étiquette de cour, et il retrouve le luxe et les vaines distinctions de l'ancienne monarchie ;

A la liberté absolue de la presse, et il retrouve la fiscalité du timbre, la nécessité du cautionnement, les colères du pouvoir, les poursuites du parquet, les amendes et la prison ;

A la liberté individuelle, et il voit l'arbitraire ministériel, se substituant à l'autorité judiciaire, ordonner des visites domiciliaires illégales ; les magistrats appelés, comme naguère, à juger des conspirations, ou plutôt, comme on l'a dit avec non moins d'esprit que de justesse, des quasi-conspirations en faveur de la légitimité et de la république ; les prisons pleines de patriotes menacés de la peine capitale, tandis que l'on rend à la liberté, avec des excuses, le curé de Saint-Germain-l'Auxerrois, coupable au moins d'une grave imprudence, et le colonel Cadoudal, qui entretenait avec Holy-Rood une correspondance criminelle, et tentait d'embraser de nouveau la Vendée.

Il avait cru à l'indépendance des fonctionnaires,

et il voit frapper de destitution, comme aux jours de la légitimité, ceux qui donnent au pays des gages de dévoûment (1), et il les voit remplacer par les hommes de Charles X;

A leur capacité, et, comme naguère, l'intrigue et la souplesse l'emportent sur le mérite.

Il s'était flatté de la diminution des impôts, et le budget est grossi de quelques centaines de millions;

Il avait pensé que les colléges électoraux s'ouvriraient pour la masse des citoyens, et l'intelligence est sacrifiée à la fortune, et l'exercice des droits électoraux est encore le privilége du plus petit nombre, et nos listes s'augmentent à peine de cent mille noms, lorsque l'Angleterre, d'une seule fois, crée cinq cent mille électeurs de plus.

Il s'était imaginé que la révolution ferait respecter son principe, que les peuples opprimés ne réclameraient pas en vain son appui, et que les rois ne se joueraient pas impunément du nom français;

Et voilà que les ministres commencent par mendier la reconnaissance des cours étrangères, comme si notre jeune royauté n'eût pu s'en passer, comme si elle n'eût pu dire, empruntant la fierté de langage du vainqueur de l'Autriche en Italie : « Notre révo-

(1) Allusion à la destitution récente de MM. Stourm, Le Breton et Lanjuinais, substituts du procureur du roi à Paris, et signataires de l'association parisienne.

lution est comme le soleil, malheur à qui ne la voit pas !... » Et voilà qu'ils exposent l'élu de la nation aux insolences d'un czar et aux dédains d'un duc de Modène !...

La Belgique, long-temps unie à la France, et encore toute Française de langage et d'affection, s'offre à nous, elle nous demande un roi, et ils la repoussent, et ils la contraignent à se jeter dans les bras d'une puissance rivale !...

Le tyran de Lisbonne, au mépris du droit des gens, fait arrêter, charger de fers, battre de verges, jeter au fond d'un cachot, des citoyens français, dont le seul titre eût dû être une sauve-garde, et le gouvernement dévore en silence ces humiliations, et il faut, pour qu'il se résigne à en demander la réparation, l'exemple de l'Angleterre !

L'Italie, réveillée par les secousses de notre révolution, et encouragée par les déclarations de notre tribune, court aux armes, aux cris de LIBERTÉ, et le ministère renie ses doctrines, et l'abandonne lâchement aux vengeances de l'Autriche.

Enfin la Pologne, dont le nom rappelle de si vives sympathies, la Pologne, pour prix de son sang répandu au service de la France, et de son refus de tourner ses armes contre elle, est engagée dans une lutte inégale, que la valeur (*tale Dii omen avertant!*) ne pourra pas toujours soutenir contre le nombre; elle tourne ses regards vers la France, elle appelle

ses légions, et la France est sourde à cette voix s
long-temps amie, et la France impassible la regarde
mourir sous les coups réunis de la colère du czar et
de la perfidie autrichienne.....

De ces faits nombreux, qui s'appuient sur l'histoire des dix mois que nous avons traversés depuis juillet; de ces faits rapprochés et appréciés, l'écrivain tire cette conséquence naturelle, logique, inévitable, que la révolution, à peine commencée, a été détournée de ses voies, qu'elle a été dès lors, infidèle à son principe; qu'elle a menti à ses promesses, et trompé les espérances que son aurore avait fait concevoir. Cette conséquence, sur laquelle son droit, peut-être même son devoir d'écrivain, lui faisaient une nécessité d'appeler l'attention publique, a été signalée avant lui par toutes es feuilles qui partagent, avec la *Tribune*, les dangers de l'opposition, et même par plusieurs députés.

Ainsi, un journal rédigé sous l'influence d'un apôtre de vérité, M. l'abbé de la Mennais, ne terminait-il pas un article qui renfermait de nombreux griefs contre le ministère, par cette exclamation : « Que » nous a donc valu le soleil de juillet! »

*Le Courrier*, connu par l'énergique franchise de sa rédaction, et la constance de ses doctrines, ne répète-t-il pas chaque jour que le gouvernement « fait tout ce qu'il peut pour encourager la contre-» révolution; qu'il revient au *statu quo* du 24 juil-

» let ; qu'il n'y a rien de changé, et que l'on se croi-
» rait volontiers sous l'ancien système? »

Le Globe, si consciencieux, le National, si fidèle à son nom, la Révolution, qui partage avec
la Tribune les haines ministérielles, tiennent-ils
un autre langage?....

Les mêmes reproches ne sont-ils pas plus d'une
fois tombés de la tribune nationale, en présence du
banc ministériel muet, et qui eût vainement cherché une réponse? On n'a pas voulu, disait dans un
discours qui a laissé de profonds souvenirs sur ceux
qui l'ont entendu, un orateur guerrier, l'ami, l'é-
mule de Foy, et qui me semble avoir recueilli son
héritage de gloire et d'éloquence, « on n'a pas voulu
» se soumettre franchement au principe de la sou-
» veraineté du peuple ; un ministère équilibriste a
» cru pouvoir trouver un terme moyen entre deux
» dogmes absolus ; il a cru pouvoir combiner les
» résultats des journées de juillet AVEC LES DOCTRI-
» NES DE LA RESTAURATION ; ET, PRENANT UN PEU D'U-
» SURPATION, UN PEU DE LÉGITIMITÉ, OIGNANT LE DROIT
» DE LA NATION AVEC UNE PARCELLE DU CHRÊME DE LA
» SAINTE AMPOULE, il a humblement prié les souve-
» rains de vouloir bien donner leur approbation à
» des actes qu'ils ne pouvaient pas approuver, et s'est
» soumis à des concessions qui n'ont fait que les
» raffermir dans leurs résolutions. »

C'est assez de citations, et bien qu'il me fût facile

de faire de nombreux emprunts dans le même genre aux discours de MM. Salverte, Barrot et Mauguin, je renonce à ces armes puissantes, et je termine en vous rappelant qu'à cette barre, il y a quinze jours à peine, M<sup>e</sup> Mauguin, prêtant au *National* l'appui de son talent, disait à vos prédécesseurs : « Le ministère continue et exagère le système de la restauration ; » et ces paroles reçurent la sanction d'un verdict d'acquittement.

Or, comment condamner aujourd'hui ce que vous avez approuvé hier; comment, avec quelque justice, punir l'écrivain traduit devant vous d'avoir répété ce qu'il a entendu à la tribune, au barreau, et ce qu'ont écrit tant de publicistes; comment enfin frapper l'écho, quand vous épargnez la voix qu'il ne fait que reproduire!!

Maintenant, Messieurs, que vous connaissez l'ensemble de l'article incriminé, la pensée qui l'a dicté, l'intention de son auteur, irai-je, me traînant péniblement sur les traces de l'accusation, discuter sur un mot, sur une phrase, qui trouvent leur excuse dans l'indignation de l'écrivain, et la rapidité de la composition ?

Si l'ensemble de l'article est innocent, le délit ne se rencontrera pas dans les diverses parties qui le composent. Examinons toutefois les trois griefs que l'acte d'accusation a présentés comme le résumé de l'article tout entier, résumé dont M. le procureur-général a craint de vous garantir l'exactitude. Il a dit en effet, et je suis heureux de rendre hommage à sa loyauté, que les passages signalés *semblaient* montrer le gouvernement du roi, comme « cherchant à ramener le régime odieux de » la terreur. »

C'est ici que l'on sent tout le danger des résumés, des arguties et des interprétations !.... Dès les premiers mots de cette défense, j'ai protesté contre cette pensée, prêtée à l'auteur de l'article objet des poursuites. Non, jamais (j'ai reçu de lui mission de vous l'attester, et vous le croirez, si vous n'aimez mieux l'accuser de déraison et d'absurdité), jamais il n'a songé à comparer le gouvernement actuel au régime de la terreur, qui, du reste, ne fut pas sans liberté pour nos institutions, ni sans gloire pour nos armes, mais auquel se rattachent trop de souvenirs de sang, de deuil, de funérailles et d'échafauds.

L'article que vous allez bientôt apprécier est intitulé : UN PEU DE TERREUR. Le ministère public s'est arrêté au titre : son imagination effrayée s'est reportée de quarante ans en arrière : le fantôme de 93 a été évoqué, le spectre sanglant de la convention réveillé, et c'est sous le coup de ces pénibles impressions que l'accusateur a cru voir une comparaison entre les jours de 1830 et ceux de 93.

Eh bien ! voyez, Messieurs, la puissance d'un mot : remplacez ce titre si effrayant : UN PEU DE TERREUR,

par célui-ci : UN PEU DE FRAYEUR, qui rend, avec moins d'énergie sans doute, mais avec autant de fidélité, la pensée de l'auteur, et disparaissent toutes ces chimères qui poursuivent et assiégent le ministère public. Or, c'est dans ce sens que le mot TERREUR a été partout employé dans l'article qui vous est déféré; c'est dans ce sens qu'un autre journal a dit avant nous : « Si l'on s'effraie de ce que les desti-
» nées de la France soient livrées entre les mains des
» partisans de la paix à tout prix, c'est parce qu'on
» sait que pour être assurés de garder cette paix,
» ils tueront l'esprit public, INSPIRERONT AU PAYS D'AB-
» SURDES TERREURS, et traiteront de suspectes, d'en-
» nemies, de conspiratrices, les généreuses passions
» qui ont tant contribué à nous défaire du honteux
» régime de la restauration. » (1)

C'est dans ce sens enfin que M. Mauguin, classant dans d'ingénieuses catégories les divers partis qui s'agitent en France, a dit : « Le ministère a
» parlé des émeutes; il a évoqué 93, et il a créé un
» nouveau parti, celui des EFFRAYÉS. » Or, s'il est vrai (et l'on ne saurait en douter) que nous ayons en France le parti des EFFRAYÉS, il faut bien qu'il y ait eu un peu de terreur, de quelque part qu'elle soit venue; car, comment expliquer l'effet, sans remonter à la cause?...

(1) *National* du 14 mars.

*La Tribune* s'est plainte ( c'est là le second grief dont on s'arme contre elle ) de l'emprisonnement des patriotes sous de frivoles prétextes.

Il y a dans ce reproche, de la part du ministère public, de l'imprudence, j'ai presque dit de la maladresse. Pourquoi me condamner, en m'attaquant, à réveiller des souvenirs que le temps avait déjà amortis, car le Français est bien le peuple le plus insouciant et le plus oublieux de la terre, et chez nous l'événement du jour vieillit de cent ans celui de la veille.

Vous voulez donc me mettre dans la nécessité, au risque de ranimer des haines assoupies, de vous rappeler l'encombrement des prisons, qui vous forçait à laisser libres sur parole des citoyens arrêtés; ces conspirations qui occupent depuis plusieurs mois les cours d'assises, et dont l'issue est toujours un acquittement; les statuts de la république à veau-l'eau, le procès des dix-sept, annoncé avec tant de solennité, la dignité de leur contenance aux débats; le défaut presque absolu de charges, l'embarras du ministère public, forcé de déserter en partie l'accusation; les applaudissemens qui accueillirent le verdict du jury, et le triomphe qui attendait à la porte de leur prison ces jeunes citoyens, victimes d'une erreur judiciaire (1).

______

(1) On n'a pas oublié sans doute la conspiration *Sambuc*, le

Vous voulez donc me mettre dans la nécessité de vous rappeler ces émeutes, ces troubles, dont la police pourrait indiquer les causes et les agens; ces nombreuses arrestations de curieux et de pauvres hères, dont l'un, bègue de naissance, pouvant à peine balbutier son nom, s'est vu, à son grand étonnement, métamorphosé par l'accusation en orateur populaire, en Ulysse de carrefour; et l'autre, haut de quatre pieds au plus, en chef d'attroupement, en Ajax de coin de rue.

Dites maintenant, en présence de ces faits, si la *Tribune* a eu tort de se plaindre de l'emprisonnement des patriotes!!...

C'est avec non moins de raison qu'elle a fait au ministère un crime de sa faiblesse et de son humilité en présence des cabinets étrangers.

« Si j'étais roi de France, disait le grand Frédéric, » il ne se tirerait pas un coup de canon en Europe » sans ma permission. » Ce langage, dont Napoléon était presque parvenu à faire une vérité pratique, paraît inintelligible pour nos ministres, et ces seuls mots prononcés : *Pologne, Italie,* portent avec eux la flétrissure de la politique de notre cabinet.

Je pourrais, mais je sens qu'il faut abréger, me

prétendu conciliabule sous une arche du pont des Arts, la harangue de M. Persil, annonçant à la chambre des députés qu'il avait saisi la république, dont il avait en poche les statuts, etc. etc.

rendre l'écho de ces nobles inspirations dont a retenti notre tribune, dans cette mémorable séance, où, harcelé, pressé de toutes parts, forcé enfin de s'expliquer, le ministre des affaires étrangères vint. au milieu des rires et des murmures de l'assemblée, déclarer ce qu'il entendait par *ne pas consentir.*

Je pourrais faire passer sous vos yeux le jugement qu'ont porté de la politique extérieure du ministère une foule d'écrivains, de publicistes et d'orateurs, je me bornerai à quelques citations qui, malgré leur briéveté, sont plus méprisantes que tout l'article incriminé.

C'est d'abord M. de Chateaubriand qui reproche aux ministres, « de parler de l'abaissement de la » France sous la restauration, *et d'être à genoux...* »

C'est M. de Montalembert qui leur dit en face, du haut de la tribune : « J'accepte la guerre comme » une nécessité de position ; je l'accepte comme pré- » férable à la paix *bâtarde, ruineuse,* IGNOMINIEUSE, » pour le maintien de laquelle le gouvernement » nous appelle à épuiser toutes nos ressources. »

Ce sont les écrivains du *National* qui appellent cette paix « une paix PLEINE D'INFAMIE, » et qui ajoutent : « Hommes du pouvoir, osez déclarer que » vous voulez cette paix *à tout prix;* dites que vous » comprimerez l'élan national, que vous arrêterez » les progrès de la liberté, pour calmer l'inquiétude

» des puissances ; dites *que vous vous abaisserez de-*
» *vant elles, et que nul sacrifice,* PAS MÊME CELUI DE
» NOTRE HONNEUR, *ne vous coûtera,* et alors au moins,
» si l'indignation du pays peut être domptée, il saura
» qu'il peut compter sur la paix ! »

A côté des journaux graves et sérieux, existent
des feuilles légères et caustiques, vivant des sotti-
ses du siècle, des ridicules et des travers de l'é-
poque, et dont les épigrammes ont plus d'une fois
troublé le sommeil de nos grands hommes. Écou-
tez *le Corsaire :* « Le ministère, dit-il, a ordonné
» des prières publiques pour le succès des armes
» polonaises ; mais il a fait demander auparavant
» l'autorisation des ambassadeurs de Russie, de
» Prusse et d'Autriche, qui *ont bien voulu per-*
» *mettre* cette pieuse intervention. »

Vous le voyez, Messieurs, ce n'étaient pas les
rédacteurs de *la Tribune,* mais ceux du *National*
et du *Corsaire,* MM. de Châteaubriand et de Montalembert, Lamarque et Mauguin, qu'il fallait poursuivre... Mais eux aussi étaient à l'abri des réquisitoires, car leurs reproches, tout amers qu'ils sont,
s'appuient sur des faits, et s'adressent d'ailleurs,
non au gouvernement, qui est en dehors de la
discussion, mais au ministère, dont la responsabilité appartient aux débats parlementaires et à la
polémique quotidienne.

« Le gouvernement représentatif, Messieurs les

» Jurés, n'est autre chose que l'intervention du
» pays dans les affaires publiques; il y intervient
» par deux moyens, par les élections et par la
» presse.

» Si le premier moyen venait à succomber sous
» une influence corruptrice, la liberté de la presse
» doit être là pour recevoir les plaintes du pays,
» et pour les exprimer avec la plus grande énergie.
» Mais qu'on lui enlève cette dernière ressource,
» toute intervention nationale a disparu; le gou-
» vernement représentatif n'est plus qu'un vain
» mot, il n'en reste que les charges; il y a tyran-
» nie d'un ministère ou d'une majorité. »

Ainsi parlait, en 1826, un orateur qui depuis...
mais alors le barreau le comptait parmi ses organes
les plus éloquens, la presse, parmi ses plus cha-
leureux défenseurs (1). Ce passage écrit en 1826 a
tout le mérite de l'à-propos en 1831, malgré notre
révolution, déjà bien vieille, il est vrai.

Quelques jours encore, et une ordonnance royale
va frapper de mort la chambre des députés, et les
colléges vont s'ouvrir, et le pays va se voir appelé
à exprimer ses vœux, à choisir ses mandataires.

De la composition de la chambre nouvelle dé-

---

(1) **M.** Barthe, plaidant pour le *Journal du Commerce* devant la
chambre des députés.

pend l'existence du ministère. Dès lors, son inté-
rêt, les destitutions de certains préfets rebelles à
ses instructions, le rappel de certains fonctionnaires de Charles X rompus aux manœuvres électorales, le danger des émeutes grossi et exploité,
nous avertissent assez de ses projets. C'est à la
presse de les dévoiler et de les livrer au grand jour
de la publicité. Mais, pour remplir cette mission
périlleuse, il lui faut de la liberté et de la protection contre les attaques du pouvoir. C'est auprès
de vous, Messieurs les Jurés, qu'elle viendra chercher ces garanties, et votre indépendance appren-
dra au pays que, si la politique du ministère ne se
lasse pas de poursuivre, votre conscience ne se
lassera pas d'acquitter.

# SECOND PLAIDOYER

## DE M<sup>e</sup> MOULIN

POUR

# LA TRIBUNE,

PRONONCÉ DEVANT LA COUR D'ASSISES DE PARIS,

A L'AUDIENCE DU 4 JUIN 1831.

> » L'État peut être troublé par ce que
> peuvent dire les journaux, mais il
> peut périr par ce qu'ils ne disent
> pas. Il existe un remède efficace
> contre leurs exagérations : il n'y en
> a point contre leur silence. »
>
> « DE BONALD. »

Huit jours s'étaient à peine écoulés depuis le procès précédent, terminé par un verdict d'acquittement, qu'une nouvelle poursuite appela de rechef le gérant de la *Tribune* devant la cour d'assises, pour

rendre compte d'un article inséré dans son numéro
du 11 février, composé à propos de la discussion
de la loi municipale à la chambre des députés. Cet
article renfermait les passages suivans, auxquels
l'accusation s'est particulièrement attachée :

« Eh bien, peuple français! gardes nationaux des
» villes et des campagnes, que dites-vous des lois
» que vous fait *la chambre des députés?* Que dites-
» vous de la manière dont on vous traite?...

» *Vous êtes tous de la canaille.....* Oui, tous,
» sauf quelques notables entre les plus riches. C'est
» l'un des organes de la majorité qui vous l'a dé-
» claré avant-hier à la tribune en des termes équi-
» valens : *vous êtes tous de la canaille...* et on ne
» souffrira pas que la canaille s'approche des *hon-*
» *nêtes gens.*

. . . . . . . . . . . . . . . . . . . .

» *Ilotes sous les rois que nous amenèrent les co-*
» *saques, vous serez Ilotes sous le roi sorti des bar-*
» *ricades. Vous ne nommerez ni votre maire, ni*
» *votre adjoint, ni votre garde-champêtre, parce*
» *que vous n'êtes que de la canaille. Vous ne nom-*
» *merez pas davantage vos conseillers municipaux :*
» *cela regarde les huppés, les propriétaires opu-*
» *lens, et non pas vous.* Parce que c'est le peuple
» qui a fait la révolution de juillet, vous vous étiez
» mis dans l'idée qu'elle devait vous valoir quel-
» que chose? Allons donc ! *Est-ce que la canaille*

» *doit avoir des prétentions?* Vous êtes nés *prolé-*
» *taires,* et par conséquent serfs; votre lot est de
» remuer la terre, de travailler et de manger du
» pain noir. Vous appartenez corps et biens *aux*
» *honnêtes gens.* Votre sang, le sang de vos enfans,
» tout cela est à eux. Quiconque n'a pas des ri-
» chesses doit travailler et se faire tuer pour as-
» surer aux riches la conservation de leurs enfans
» et la jouissance de leurs plaisirs...

. . . . . . . . . . . . . . .

» Hommes du pouvoir! Vous aurez beau vous
» humilier, humilier la nation, vous n'éviterez pas
» la guerre. Vous avez jeté le gant à tous les rois
» de l'Europe, en leur jetant le trône de Charles X,
» comme autrefois en leur jetant la tête de
» Louis XVI; *il n'y a ni concession, ni bassesse,*
» *ni lâcheté qui puissent désarmer leurs vengeances.*
» Attendez-vous y donc : encore quelques mois, et
» il faudra repousser la guerre par la guerre. Mais
» où trouverez-vous des bras pour arrêter le tor-
» rent de la coalition, pour briser le réseau de fer
» que ses onze cent mille baïonnettes vont former
» autour de vous? Vous ferez sans doute un appel
» au peuple? Un appel au peuple! Mais que lui di-
» rez-vous à ce peuple? De venir défendre sa pa-
» trie! Ne craignez-vous pas qu'il vous réponde
» que les esclaves n'en ont point; que vous la lui
» avez ravie?... De venir défendre ses lois? Et s'il

» vous répondait qu'il n'en a point; que vous
» l'avez mis hors la loi? De venir verser son sang
» pour sauver ses concitoyens du joug de l'étranger?
» Et s'il vous répondait qu'il n'a point de conci-
» toyens, mais des maîtres, et qu'il lui est indif-
» férent pour quels maîtres il travaille.....

» Voilà donc le sort dont vos fautes nous mena-
» cent! la honte des fourches caudines pour ceux
» qu'aura épargnés le glaive du vainqueur! »

Ces passages parurent au ministère public pré-
senter le triple délit, 1° d'excitation à la haine et
au mépris du gouvernement; 2° d'excitation à la
haine et au mépris des citoyens contre une classe
de personnes; 3° de provocation à la guerre civile.

Ce fut pour repousser ces trois chefs de pré-
vention, que Me MOULIN prononça le discours
suivant :

« Messieurs les Jurés ,

» Donnez-moi, disait un magistrat tristement cé-
lèbre, trois lignes de la main d'un accusé, et je
me charge de le faire pendre. » Avec le vague de
nos lois sur la presse, donnez-moi, dirai-je à mon
tour, quelques phrases d'un journal, fût-ce l'offi-
ciel *Moniteur,* et, l'interprétation aidant, j'y trou-
verai tous les délits prévus et à prévoir par nos
législateurs.

Sous l'influence de cette première pensée que

fait naître l'examen des lois répressives de la liberté d'écrire, vous pourrez peut-être vous expliquer comment l'accusation a trouvé dans un lambeau d'articles TROIS DÉLITS, qu'une lecture même réfléchie ne vous eût pas fait apercevoir, et que, comme moi, vous cherchez probablement encore, après le réquisitoire du ministére public; trois délits, d'une gravité effrayante pour l'écrivain poursuivi, pour le pays, pour le pouvoir!!... Pour l'écrivain, puisque le triomphe de l'accusation entraînerait contre lui de longs mois de détention et de ruineuses amendes ; pour le pays, puisque le but de l'article serait d'allumer la guerre civile, de semer la défiance parmi les citoyens, de les diviser en deux camps; pour le pouvoir enfin, puisque le journaliste aurait voulu appeler sur sa tête la haine et le mépris.

Toutefois que l'écrivain, que le pays, que le pouvoir se rassurent! L'écrivain.... car ses juges sont des jurés, ses concitoyens, et il ne trouvera pas auprès d'eux moins de justice et de bienveillance qu'auprès de leurs prédécesseurs; le pays.... car, l'auteur de l'article signalé à votre sévérité, loin d'être un ennemi, est l'un de vos vrais amis et des défenseurs les plus ardens de ses institutions; le pouvoir... car s'il marche avec la nation, s'il sympathise avec elle, les clameurs de quelques mécontens expireront impuissantes, et s'il se met en hostilité contre ses vœux, une sentence de condamnation ne retardera pas sa chûte, et n'éloignera pas de lui la réprobation publique.

Le peuple a fait la révolution de juillet; la révolution devait donc profiter au peuple : en a-t-il recueilli les fruits, sur lesquels il avait le droit de compter? Non; voilà en quelques mots le résumé complet de l'article tout entier soumis à votre examen.

L'écrivain ne devait pas se borner à une allégation dénuée de preuves, aussi a-t-il cherché la démonstration de sa thèse, non plus ( comme il l'a fait déjà dans un autre article, qui, incriminé aussi, a reçu de vos devanciers la sanction d'un verdict unanime d'acquittement, ) dans la politique intérieure et extérieure du ministère, mais dans l'organisation municipale, qui se discutait alors à la chambre élective. Ainsi des généralités il est descendu cette fois à une spécialité; loin de l'agrandir, il a restreint le cercle de la discussion.

Son plan indiqué, comment l'a-t-il rempli?

Depuis long-temps les vœux du pays réclament l'émancipation des communes en tutelle sous la main du pouvoir, et la tribune nationale avait souvent sollicité des institutions municipales. Ces vœux, long-temps stériles, furent enfin entendus, et un projet de loi fut apporté à la chambre. Mais il était loin d'être marqué au coin de la liberté, et, malgré l'habileté et le talent du ministre qui vint le défendre (1), il ne satisfit ni les prétentions d'une aristocratie attachée au privilége, ni les espérances d'une démocratie qui voulait remplacer le privilége par le droit commun. Il fut retiré, et ce retrait, qui trahissait les arrière-pensées, les craintes soupçonneuses, et les vieilles antipathies de la cour, devint contre elle pour l'opposition un nouveau grief ajouté à tant d'autres.

Après juillet, la charte des barricades promit aux communes un meilleur avenir, et sur la foi de ces promesses, chacun de croire déjà que le régne du privilége était passé, que la fortune ne serait plus préférée à l'intelligence; que la révolution répudierait franchement l'héritage de l'empire et de la restauration; que l'élection populaire remplacerait le choix ministériel; que chaque citoyen, contribuant aux charges de la commune, par un juste retour, y exercerait quelques droits, et que son suffrage serait compté, comme celui de son voisin, un peu plus riche que lui, pour la nomination de ses premiers magistrats et de ses officiers municipaux. Puis avec le magistrat de son choix, chacun voyait la destruction des abus de l'ancien régime. Comme par le passé, plus de faveurs, de complaisances, de partialité pour les uns, de vexations, d'arbitraire, de persécutions pour les autres. Pour chacun son droit, pour tous la loi.

(1) M. de Martignac.

Au milieu de ces illusions décevantes, un projet de loi qui détermine l'organisation municipale est présenté à la chambre. A peine la publicité l'at-elle reproduit, qu'on le parcourt avec avidité; tant d'intérêts s'y rattachent ! ! ! Jugez de l'anachronisme : le projet de 1831 est la copie, sauf quelques variantes, de celui avorté en 1828; c'est une seconde édition dont un député consent à prendre la responsabilité !

Tous les regards se portent vers la chambre; on attend d'elle des amendemens qui corrigeront ce qu'il y a de défectueux dans ce projet, dont le vice originel est de reposer sur cette base trompeuse, que l'argent est une présomption de capacité, et de compter l'homme pour rien et l'impôt qu'il paie à l'état pour tout.

La discussion s'ouvre enfin, et, de prime abord, les communes sont dépouillées, comme sous l'empire, comme sous la restauration, du droit exercé par nos ancêtres, sous tous les rois absolus qui se sont succédés en France, de prendre une part active et directe à l'élection de leurs magistrats. Cette première décision arrêtée, on pouvait espérer que la nomination des maires et adjoints assurée au pouvoir trouverait au moins un contrepoids dans le choix des conseillers municipaux laissé à tous les habitans de la commune. Erreur.... et ce choix est réservé à une classe privilégiée, à l'aristocratie de l'argent, à une petite fraction prise parmi les habitans les plus imposés de la commune.

Vainement quelques voix, amies de la liberté, réclament-elles le droit de vote pour tous ceux auxquels la loi confère le titre de citoyen, et qui supportent une part des chargés de l'état, on leur répond qu'il faut écarter des élections « *et le prolétaire éloquent et l'intelligence nécessiteuse.* » L'orateur des centres (1), parodiant l'aristocratie, laisse tomber avec un orgueilleux dédain du haut de la tribune les expressions méprisantes *de mendians, de petit monde, petit peuple*, et après lui, un ex-maître des requêtes de la restauration (2) vient parler de *menu populaire ! !...*

Vainement le patriotisme de Lamarque, pour élargir la base du système électoral accueilli, demande-t-il pour le garde national français, qu'il assimile au milicien de New-York et de l'Amérique du nord; pour le légionnaire qui, sur un champ de bataille, a teint son ruban de son sang, et pour le soldat mutilé par l'ennemi, la faveur de concourir dans leur commune à la nomination des conseillers municipaux, sa voix est étouffée sous les boules.

De ces votes législatifs, de ces discussions auxquelles il avait assisté, l'écrivain est amené à cette conclusion, que la révolution de juillet a apporté peu de modifications dans l'organisation municipale

(1) M. Dupin aîné.    (2) M. Salvandy.

de l'empire et de la restauration ; qu'après comme avant, la nomination des maires et adjoints est abandonnée à la discrétion ministérielle ; qu'après comme avant, l'élection des conseillers municipaux est le privilége de quelques notables ; que dès-lors la révolution n'a pas profité, en ce qui concerne l'affranchissement des communes, aux hommes du peuple dont elle est l'ouvrage. Pourquoi ? parce qu'ils sont nés pauvres, répond la loi ; parce qu'ils sont des *mendians* et des *prolétaires*, selon l'homme de la majorité ; parce qu'ils appartiennent au *menu populaire*, d'après M. Salvandy ; enfin, parce qu'ils sont *de la canaille*, a dit l'auteur poursuivi.

Envisagé sous ce premier point de vue, non-seulement l'article est innocent, mais il est même à l'abri de toute controverse sérieuse. Il se défend encore sous un autre rapport.

Lorsqu'une loi a reçu la sanction des trois pouvoirs, qu'elle est écrite dans nos codes, et que les magistrats en font chaque jour l'application, il est du droit, et même du devoir d'un citoyen de l'attaquer, s'il la croit mauvaise, d'en signaler les vices et d'en demander l'abrogation. Mais la raison commande de prévenir le mal plutôt que d'attendre qu'il soit commis pour le réparer. Or, quand une loi n'est encore qu'en germe, qu'un projet soumis à la discussion des chambres, le droit du publiciste et de l'écrivain est bien plus entier, bien plus étendu ; ses censures, ses critiques, fussent-elles amères et passionnées, pourront signaler au législateur des écueils que, sans ces avertissemens, il n'eût pas aperçus, provoquer dans l'une des deux chambres des améliorations négligées par l'autre; enfin, suspendre ou même empêcher la sanction royale. Eh bien! lorsque le rédacteur de la *Tribune* s'est plaint que l'exclusion qui frappait la classe la plus nombreuse des habitans de la commune, et a réclamé pour tous le droit de suffrage, lorsqu'il a fait connaître les vices d'un système qui reposait sur une base étroite et mesquine, la proposition en délibération n'était encore qu'un projet émané d'un député, et qui ne pouvait recevoir l'autorité législative que de la double sanction des chambres, et du visa royal.

Abandonnant le fond pour s'attacher à la forme, l'organe de l'accusation reprochera-t-il à l'écrivain de l'âpreté, de l'indignation, de l'inconvenance dans l'expression !

Rappelez-vous, Messieurs, la date de l'article. Il fut écrit le 10 février, sous le coup d'une vive irritation, et au sortir de cette séance tumultueuse, où le discours sur les *mendians* souleva les tempêtes parlementaires, et fournit le lendemain à tous les journaux de l'opposition matières à de virulentes philippiques.

Rappelez-vous encore que vous n'êtes pas des rhéteurs appelés à peser des mots, mais des jurés; et que, toutes les fois qu'un accusé paraît devant vous, il ne s'agit jamais, comme le disait naguère à vos prédécesseurs, dans une semblable affaire, un magistrat sorti de nos rangs et qui n'a pas oublié sur le fauteuil du ministère public les traditions du barreau, M. AYLIES, dont je suis heureux d'invoquer le nom : « Il ne s'agit jamais d'une question de » convenance, mais d'une question de légalité. » Qu'importe maintenant que l'écrivain ait employé, au lieu de l'expression de *mendians* ou de *menu-populaire*, le mot de *canaille* qui semble avoir blessé l'exquise délicatesse de M. l'avocat-général ! Qu'importe que ce mot soit *exclu du langage de la bonne société et effacé du vocabulaire de l'homme bien né*, si le langage du législateur ne le condamne pas; si le vocabulaire de la loi pénale n'en fait pas un crime!...

En présence de ces explications, que sont devenus ces délits rassemblés avec tant de peine par l'accusation?

Où est donc cette excitation à la haine et au mépris du gouvernement, lorsque ce mot *gouvernement* n'est pas venu une seule fois se placer sous la plume du journaliste; lorsque l'écrivain ne s'est adressé qu'à la chambre, ou plutôt à une fraction de la chambre? « C'est vous que j'attaque, a-t-il dit, hommes aveugles, qui vous ingérâtes à nous faire des lois. » Or, si l'on pouvait voir dans l'article une excitation à la haine et au mépris, elle aurait pour objet la chambre des députés, qui seule ne constitue pas le gouvernement du roi, dont elle n'est qu'une fraction.

Où est donc cette classe signalée au mépris et à la haine des citoyens? Sont-ce par hasard *les huppés?* Mais aux yeux de la société, aux yeux de la loi, qu'est-ce que cette désignation? Est-ce que le législateur a songé à faire des *huppés* une classe, et à lui assurer protection par un texte pénal?...

Où est donc enfin cette excitation à la guerre civile? Je l'ai vainement cherchée dans l'article, et le silence du ministère public n'est pas de nature à faire cesser mon embarras.

Ici, je dois m'étonner des étranges préoccupations de l'accusation. Est-ce bien sérieusement qu'elle a voulu rattacher à l'article incriminé, les désordres de février, et l'attentat qui a menacé M. Dupin? Loin de moi de suspecter la loyauté de l'organe du ministère public, mais qu'il me permette du moins d'accuser ses souvenirs, et de lui rappeler que c'est dans la sacristie de Saint-Germain-l'Auxerrois qu'il faudrait aller chercher la cause des troubles qui ont agité Paris, et que le malheureux qui s'est présenté à l'hôtel de M. Dupin n'est pas l'un de ces hommes qui fréquentent les cabinets littéraires, et pour lesquels s'impriment les journaux. Vouloir vous signaler dans l'article objet des poursuites la cause des scènes tumultueuses de février, c'est chercher à vous effrayer, c'est faire un appel, non pas à la conscience, mais à la crainte; votre fermeté saura repousser de pareilles insinuations.

Ce n'est pas plus sérieusement, je pense, que

l'accusation, remontant aux jours de la république romaine, a comparé au discours incendiaire que Salluste a mis dans la bouche de Catilina l'article qui vous est déféré. J'admire assurément la riche imagination du ministère public, mais je n'aurais jamais pensé que, foudroyé par l'éloquence de Cicéron au milieu du sénat romain, Catilina fût un jour, après tant de siècles écoulés, traduit sur les rives de la Seine, devant une cour d'assises. Je n'aurais jamais pensé que le paisible gérant de la *Tribune* pût faire le second volume de Catilina, pas plus que M. l'avocat-général la doublure de Cicéron.

J'aurais fini, Messieurs, si je ne rencontrais encore une phrase à laquelle l'organe de l'accusation a donné beaucoup trop d'importance. « Ilotes sous » les rois que nous amenèrent les cosaques, a dit le » journaliste, vous serez ilotes sous le roi sorti » des barricades. » N'est-ce pas là un rapprochement injurieux pour notre jeune royauté! Des ilotes!!... depuis 1789 il n'en est plus en France, et ici est venue se placer la tirade oratoire de rigueur, et une petite excursion dans le domaine de l'histoire.

Qu'a voulu dire l'écrivain? Il l'explique lui-même immédiatement, et complète ainsi sa pensée : « Vous » ne nommerez, pas plus que par le passé, ni » votre maire, ni votre adjoint, ni votre garde- » champêtre, ni vos conseillers municipaux. »

Il n'a dit en humble prose que ce dont notre Béranger a fait le refrain de l'une de ses chansons.

> Pauvres moutons, ah! vous aurez beau faire,
> Toujours on vous tondra;

que ce que l'auteur de *la Villéliade*, le Juvénal politique de notre âge, a répété dans sa dernière satire hebdomadaire :

> « Eh bien! accourez tous, électeurs patriotes,
> « Citoyens prélevés *sur un peuple d'ilotes;*

que ce qu'ont écrit maints et maints publicistes, maints et maints députés.

Ainsi n'ai-je pas entendu un magistrat, conseiller de cour royale, M. de Podenas, dire à la tribune nationale : « Réserver au plus petit nombre » le droit de prendre part à l'élection, c'est créer » le système des priviléges, et avec lui vous ne » ferez que *des ilotes.* »

Le général LAMARQUE : « Voyez-vous cette petite et burlesque aristocratie de trente ou quarante habitans, qui auront seuls le droit de nommer MM. les conseillers municipaux? Les voyez-vous se pavaner avec orgueil sous le porche, et regarder avec mépris *les pauvres ilotes,* à qui on refuse ce droit parce qu'ils paient quelques centimes de moins, parce que leur ferme est moins grande de quelques arpens ? »

Nous n'avons rien dit autre chose, et l'article incriminé n'est pas plus coupable que bon nombre de discours parlementaires qu'il me serait facile de citer, et dont il a emprunté la pensée et souvent l'expression.

Ne gênons pas la presse, Messieurs les Jurés, dit en terminant Me Moulin, par des entraves de mots;

laissons-lui sa franchise, son énergie, et même sa rudesse; passons-lui, s'il le faut, quelques écarts, et gardons-nous d'étouffer sa voix, lorsqu'elle a si grand besoin de retentissement. Ah! laissons-la parler, laissons-la nous promettre des garanties pour l'avenir et des successeurs à ces orateurs, à ces publicistes, à ces écrivains que la mort frappe chaque jour sous nos yeux. Ainsi, la tombe de Benjamin-Constant était à peine fermée, qu'un devoir pieux nous ramenait au champ du repos, autour des restes inanimés du vénérable Labbey de Pompières. Ainsi un écrivain, dont l'enfance mérita des couronnes académiques, dont la plume fut toujours consacrée aux luttes de la liberté, qui sut allier à un patriotisme ardent, à une âme pure et candide, à une loyauté toute française, des connaissances étendues, un jugement sûr et un esprit varié, vient d'être enlevé à l'amitié, au moment où le pays lui offrait un mandat de représentant, et où la tribune allait profiter de ses travaux. C'est de cet homme de bien qu'on peut dire avec le poète :

« ..... Cui pudor, et justitiæ soror
» Incorrupta fides, nudaque veritas,
» Quandò ullum invenient parem ? »

Victorin Fabre fut l'un des fondateurs du journal cité à votre barre, et il l'enrichit souvent de ses articles; la mort vient de briser sa plume. Permettez-nous de déposer sur sa tombe (ce sera pour son ombre une douce consolation), avec une couronne, l'arrêt que vous allez rendre,